Mantis religiosa

Grace Hansen

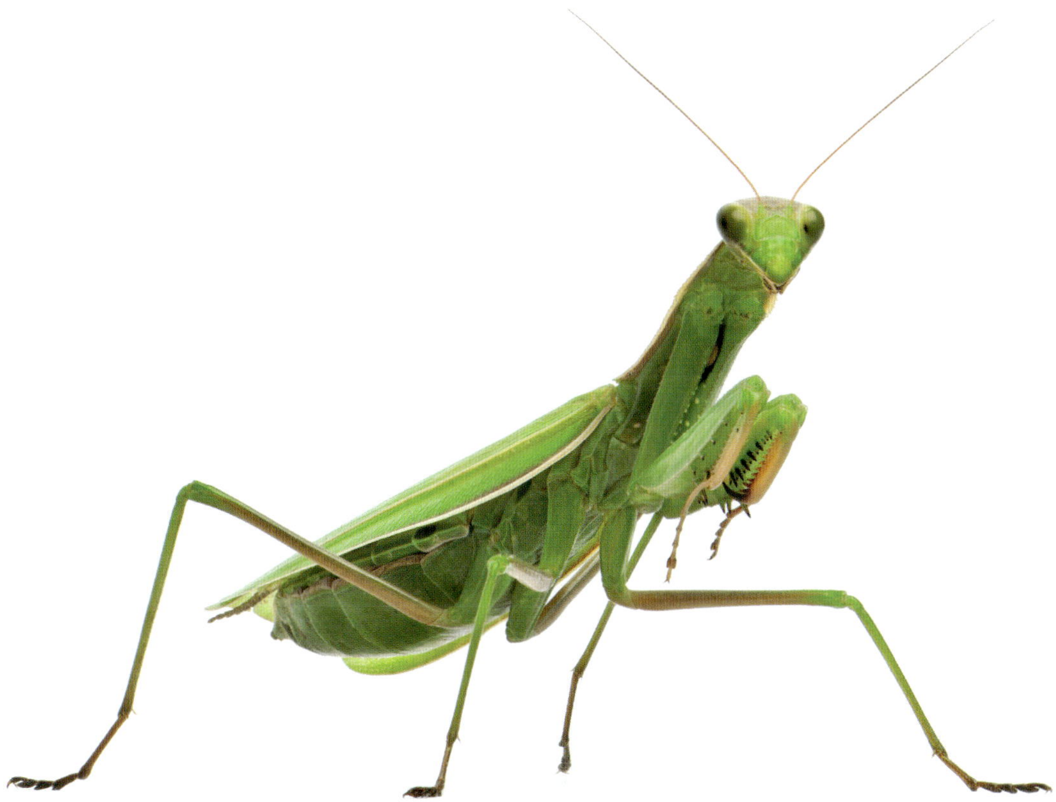

Abdo Kids
INSECTOS IMPRESIONANTES
Kids

Abdo Kids Jumbo es una subdivisión de Abdo Kids
abdobooks.com

abdobooks.com

Published by Abdo Kids, a division of ABDO, P.O. Box 398166, Minneapolis, Minnesota 55439.

Printed in China

102024

012025

THIS BOOK CONTAINS RECYCLED MATERIALS

Spanish Translator: Maria Puchol

Photo Credits: iStock, Science Source, Shutterstock

Production Contributors: Teddy Borth, Jennie Forsberg, Grace Hansen
Design Contributors: Candice Keimig, Victoria Bates

Library of Congress Control Number: 2024939022

Publisher's Cataloging-in-Publication Data

Names: Hansen, Grace, author.

Title: Mantis religiosa/ by Grace Hansen.

Other title: Praying mantis. Spanish

Description: Minneapolis, Minnesota: Abdo Kids, 2025. | Series: Insectos impresionantes | Includes online resources and index

Identifiers: ISBN 9798384904427 (lib.bdg.) | ISBN 9798384904984 (ebook)

Subjects: LCSH: Praying mantis--Juvenile literature. | Predatory insects--Juvenile literature. | Insects--Juvenile literature. | Insects--Behavior--Juvenile literature. | Spanish language materials--Juvenile literature.

Classification: DDC 595.7--dc23

Contenido

La mantis religiosa

Dentro del reino animal, las mantis religiosas forman parte de un grupo de insectos llamados mantodeos. ¡Existen más de 1800 **especies** diferentes!

Estos insectos son **originarios** de zonas tropicales, cálidas. Sin embargo, se han introducido en otras zonas del mundo porque se alimentan de **plagas** que dañan los cultivos agrícolas.

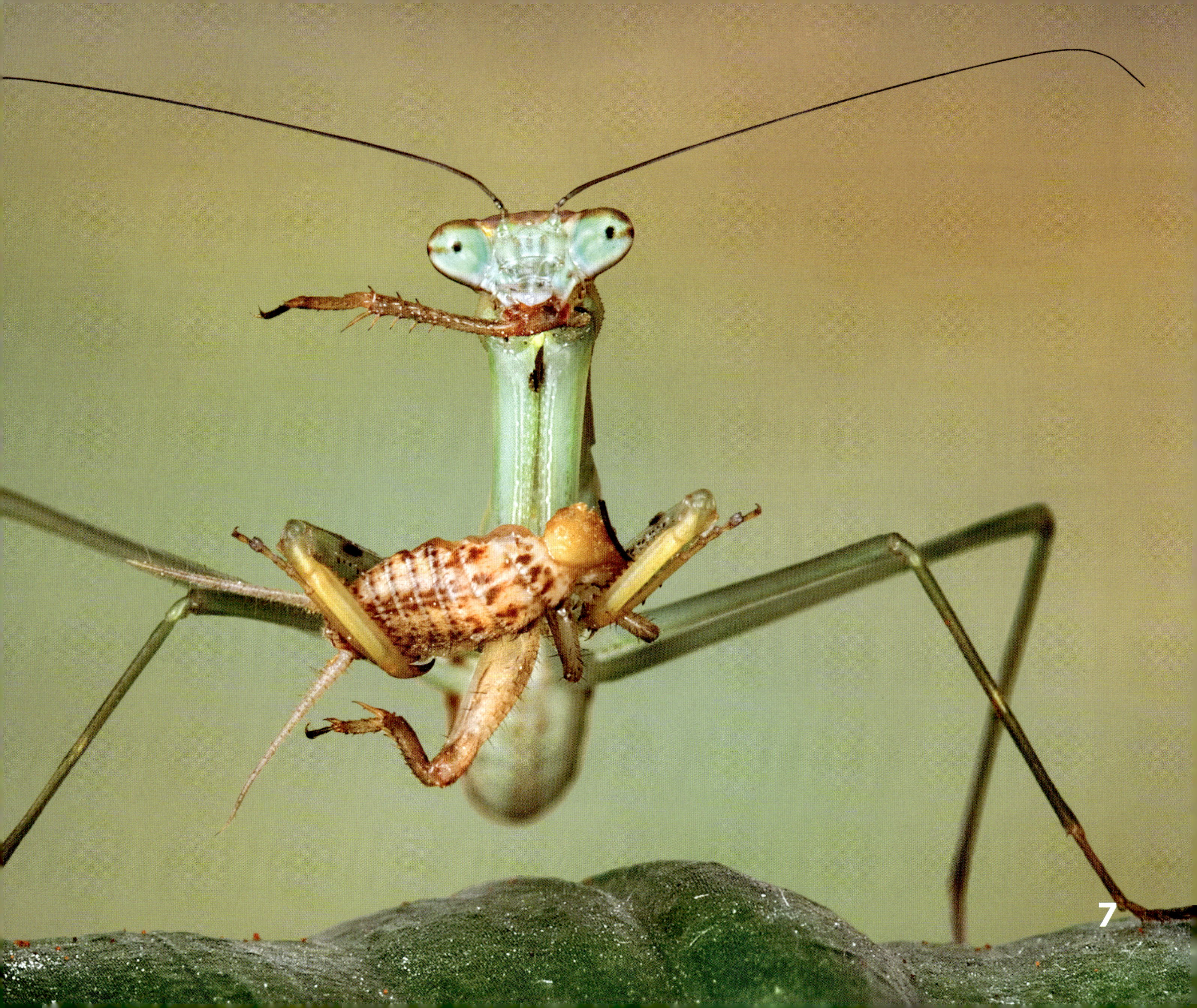

Las mantis religiosas deben su nombre a la forma en que sostienen sus largas **patas delanteras**, parece que están rezando.

patas delanteras

Suelen ser de color café o verde, aunque algunas **especies** son más coloridas. La mantis orquídea vive en las selvas tropicales del sudeste asiático. Es de color rosa y crema.

Caza y alimentación

Aparentemente inofensivas y pacíficas, las mantis religiosas son unos **depredadores** letales.

A menudo, los buenos cazadores pueden mimetizarse en su entorno y atacar rápidamente. Las mantis religiosas pueden hacer las dos cosas muy bien.

La mantis religiosa tiene espinas y ganchos en las **patas delanteras**. Las utiliza para agarrar y sujetar a sus **presas**.

Se alimenta principalmente de otros insectos, pero se sabe que también caza pequeños reptiles, pájaros y ratones.

Defensa

Aunque saben protegerse muy bien, pueden ser **presa** de otros. Saben saltar rápidamente para evitar ser devoradas. Algunas **especies**, como la mantis flor del diablo, se protege utilizando sus brillantes colores.

Más datos

- Comúnmente se llama "mantis religiosa" a cualquier **especie** de mantis. Pero en realidad, las mantis forman un grupo más pequeño dentro de los mantodeos.
- La mantis china llegó a Norteamérica hace muchos años. La usan para controlar las poblaciones de **plagas**.
- La mantis palo gigante es una de las especies de mantis más grandes. Es **originaria** del norte de África. Puede medir hasta siete pulgadas de largo (17.78 cm).

Glosario

depredador – animal que caza otros animales para comérselos.

especie – grupo de seres vivos con similitudes entre ellos, comparten nombre y capacidad de reproducirse.

originario – que ha nacido o proviene de un lugar.

patas delanteras – extremidades anteriores de un animal.

plaga – animal o insecto que ataca y destruye los cultivos, alimentos y ganado de un lugar.

presa – animal que es cazado para ser comido por otro animal.

Índice